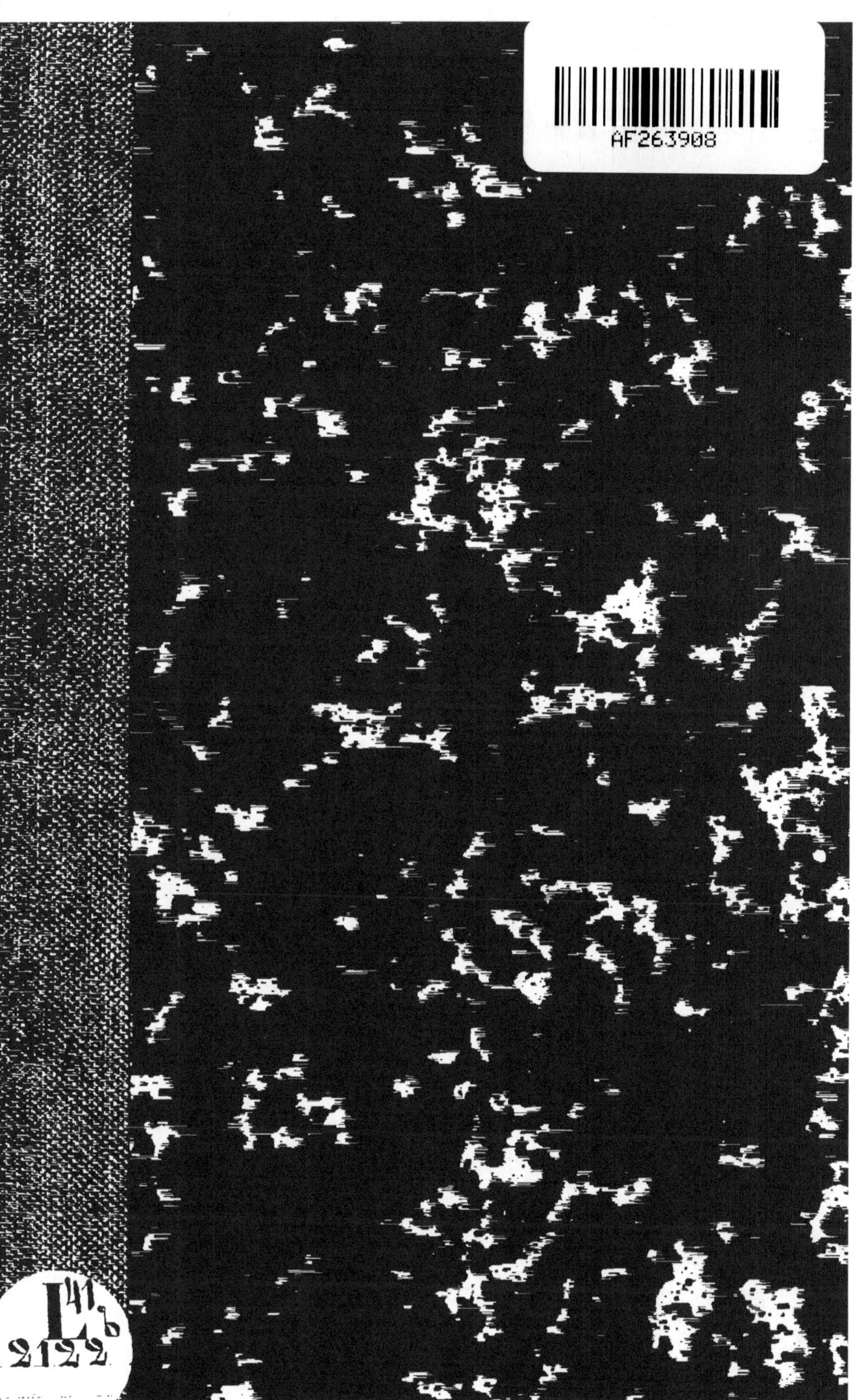
AF263908

EXTRAIT HISTORIQUE

DE LA

LÉGION ROYALE DES PYRÉNÉES,

COMPOSÉE DES ÉMIGRÉS FRANÇAIS,

QUI SE TROUVAIENT

EN ESPAGNE EN 1793,

ET FORMÉE

Par M. LE MARQUIS DE SAINT-SIMON

POUR

LE SERVICE DE SA MAJESTÉ CATHOLIQUE,

PAR

UN VOLONTAIRE DE LA DITE LÉGION.

LONDRES:

IMPRIMÉ PAR SCHULZE ET DEAN, 13, POLAND-STREET,
OXFORD STREET.

1818.

AVERTISSEMENT.

———◆———

Je ne suis point un écrivain, mais si je n'en ai pas le talent, j'aurai au moins deux qualités qu'il n'a pas toujours, l'exactitude et la vérité.

J'ai été entraîné à écrire par le besoin que mon cœur ressentait de rendre hommage au Général notre Colonel, et à la valeureuse légion qui, sous ses ordres et à son exemple, s'est conduite d'une manière aussi brillante.

Si j'avais voulu placer en tête de mon petit ouvrage les portraits de tous les braves de la légion, elle s'y trouverait toute entière.

J'ai donc choisi, comme de raison, le portrait du personnage le plus distingué, de celui que nous aimons tous, de celui auquel aucun de nous ne peut disputer la préférence.

Je prie mes lecteurs de se reporter, en me lisant, à l'année 1796, époque à laquelle j'aurais fait imprimer mon manuscrit, si les circonstances me l'avaient alors permis.

EXTRAIT HISTORIQUE

DE LA

LÉGION ROYALE DES PYRÉNÉES.

Après avoir rempli, avec une grande distinction, les devoirs de député aux Etats-Généraux de France, S. Ex. le Marquis de Saint-Simon, se rendit à Madrid où ses hautes dignités, son rang et sa naissance l'appelaient. Il reçut l'ordre de réunir les émigrés français qui se trouvaient en Espagne, et d'en former un corps de toutes les armes, sous le nom de la Légion Royale des Pyrénées. La chose était facile, puisque dans le nombre de ces émigrés il se trouvait des officiers qui avaient servi en France dans l'infanterie, la cavalerie et l'artillerie, et parmi eux des chefs distingués qui connaissaient tous les détails des différens services.

Le Marquis de Saint-Simon, un des anciens maréchaux-de-camp au service de Sa Majesté Très-Chrétienne, devait inspirer par lui-même une très-grande confiance, ayant eu occasion de se distinguer en Amérique, où il s'était fait une réputation militaire, et avait été blessé au siége de Yorktown en Virginie, où l'armée Anglaise et son général le Lord Cornwallis furent faits prisonniers de guerre, et où il commandait la division de Saint-Domingue qui était venue sur l'escadre de M. le Comte de Grasse auxiliare, et aux ordres du général de Rochambeau : elle était de trois mille hommes, composée des régiments de Royal Auvergne, d'Agenois et de Touraine, et de deux compagnies de husards de la légion de Lauzun : de plus, la conduite chevaleresque qu'il avait tenue aux Etats-Généraux l'avait rendu célèbre. Il fut accueilli par Sa Majesté Catholique avec une bonté et un intérêt particuliers que, dans la suite, il justifia par un entier dévouement pour son royal service, et un attachement inviolable pour la personne de LL. MM. Deux blessures graves qu'il a reçu, l'une le 25 Juillet 93 à l'attaque des postes avancés au-delà de la Bidasoa, en y accompagnant, comme volontaire, le Général Caro; et l'autre, le 10 Juillet 94 à la tête de la légion.

Le Marquis de Saint-Simon présenta au Comte del Campo de Alange, alors ministre de la guerre, un plan pour réunir sous ses ordres un corps d'infanterie, cavalerie et artillerie sous le nom de légion ; on connaît assez l'utilité de ces masses qui se soutiennent et se protégent mutuellement. Les vues du Marquis de Saint-Simon étaient vraiment militaires et dignes d'un officier consommé qui avait fait deux guerres, l'une comme aide-de-camp du Maréchal de Broglio, dans la guerre de sept ans, et l'autre en Amérique commandant-en-chef une division dans l'armée de Rochambeau......Mais bientôt des intérêts particuliers croisèrent un plan qui promettait de grands résultats, et la valeureuse légion ne fut qu'un corps *partiel et rivalisé.*

Le Marquis de St.-Simon demanda à être employé dans l'armée de Navarre sous S. Ex. Don Ventura Caro, qui venait d'être nommé général-en-chef de l'armée de Navarre et du Guipuzcoa. Au premier bruit qui annonça que le Marquis de Saint-Simon était chargé de la levée d'un corps qui devait de suite entrer en campagne, les émigrés qui étaient en Aragon, en Navarre, et dans les provinces Basques, s'empressèrent de se rendre à Pampelune, ville désignée pour point de rassemblement, et où le Marquis de Saint-Simon se trouvait déjà. Tous vinrent offrir pour le service de Sa Majesté Catholique un zèle qui, par la suite, se montra en toute occasion et ne s'est jamais démenti. De ce nombre furent Messieurs :

Le Marquis de Lons	De Prugue
De Bruxs	De Diusse
De Sarlabous	De Belle Isle
Le Marquis de Chauveron	Dalgue
Le Baron de Hinx	Duzignan
Le Comte de Mauléon	Desponchès
De Vallier	De Monjoux

Jean de Borda

Le Comte Hypolite de St. Simon

Le Prince de Lystenois

Le Duc de Pienne

Masson

Le Marquis de Marcillac

Le Comte de Marcillac

Le Chevalier de Marcillac

Le Marquis de la Cueuille

Le Comte de Bournaselle

Girangis

Le Comte de la Mazeliere

Cantarac

Le Vicomte de la Barthe

Le Marquis de Fulvy

Sacere

Beyris

La Bartette, aîné

Le Chevalier de la Bartette

Montault

Dossaux

Paul de la Vauguion

Desforges

Marsalle

Billere

Despens de l'Ancre

De la Coste

De la Carre

Rouilhant

Le Comte de Chabrillant

Dondoins

Daugar

Beaudean

Du Cros

Beaufort

Burgoniere

Bedorede

Pierrefeu

Le Baron de Garrot

Le Baron de Pontons

Le Chevalier de Pontons

Fribois

Jean de Souhy

Martin Souhy

Charitte inf.

Charitte

Pascal de Borda

La Salle

Laubardemont

La Tourette

La Chapelle

Fribois

Dastruc

Champagnac

Pierre St. Martin

Le Chevalier St. Martin

Alexander de Chauveron

Henry de Chauveron

Neurisse

Conac

Miegeville

Dalton

Pracontal

Cap de Ville

Girangis

Barry

Combarien

Auguste de Fleyres

Dantin

Terrene

D'Arche

La Valette

Belton

Du Pac

D'Arhets

Chardonnay

Monier

Daix

Paren

Larramendi

Sauve

Sansot

&c. &c.

Le général-en-chef de l'armée eut ordre de la Cour de protéger la formation de ce corps ; et effectivement le **9 Juin 1793**, un état-major composé d'un colonel-inspecteur (le Marquis de Saint-Simon), un lieutenant-colonel (le Marquis de Lons), un major (le Baron de Hinx), deux compagnies d'infanterie et une de cavalerie, en tout **150** hommes passèrent leur première revue, et reçurent la dénomination de Légion Royale des Pyrénées. Ce noyau demanda et obtint d'être employé aux frontières, c'est aux postes avancés au milieu des marches et actions journalières que la légion s'est augmentée et organisée. On lui confia d'abord le poste dit du *chemin de St. Jean de Luz*, qui était en face et très à portée du camp de Belcherenia qu'occupaient les Français : la légion se maintint jusqu'à la fin de Décembre, qu'elle reçut l'ordre de se rendre en Catalogne, pour se réunir aux corps des émigrés qui s'étaient formés sous les drapeaux du Général Ricardos pour ne former, sous les ordres du Marquis de Saint-Simon, qu'une masse, s'embarquer et passer sur les côtes de Provence, où les alliés avaient débarqué.

L'expédition de Toulon, n'ayant pas eu l'effet qu'on s'en était promis, la légion resta en Navarre, et passa son quartier d'hiver à Pampelune. Elle partit, le 8 Avril 94, pour les Alduides, et fut destinée à occuper le village qui porte ce nom, et à garnir le poste de Chotro, lequel couvrait la fabrique d'Eguy, où l'on travaillait sans relâche à fondre des boulets pour le service de l'armée : de plus, ce point se trouvait dans la ligne que le Général Caro avait formé de Fontarrabia, et qui, passant par Vera, la vallée de Bastan, Verderis, Mispira et Burguette, s'étendait jusqu'à Or-bayssette, autre fabrique de munitions de guerre.

Le quartier-général de Son Excellence le Général Urrutia, qui commandait le centre de l'armée, était dans la vallée de Bastan à deux lieues de Chotro ; celui du Duc d'Ossuna, qui commandait la droite à Burguette, dans ce vallon célèbre, et tout à côté de la fameuse Abbaye de Ronces-Valles ; le quartier principal du Marquis de St.-Simon, était à Chotro, distant quatre lieues du quartier-général du Duc d'Ossuna.

Le 26 du même mois d'Avril, la légion fut chargée d'attaquer les ennemis qui garnissaient les points en avant de Baygory ; elle se porta dans la nuit, et se trouva au point du jour sur le village de Banca : elle avait été retardée dans sa marche, parce que les ennemis, sous un de leurs postes. de cent hommes, avaient coupé le chemin, ce-qui formait un précipice très-profond, et la rivière au bas. La nuit était si obscure que le premier éclaireur s'y précipita ; mais avec un tel courage et une telle résolution, que, quoique tout brisé, il ne fit pas un cri et ne proféra pas une parole ; avec des ciseaux de tailleurs de pierre et autres instrumens, ne frappant dessus qu'avec la main, parce que l'on était immédiatement sous le poste ennemi, on parvint à faire une rainure dans le rocher, par laquelle toute la légion défila ; et la sécurité de l'ennemi fut telle, qu'il ne s'aperçut du passage de la légion que lorsque la petite pointe du jour lui en fit voir les derniers pelotons. Le feu que fit alors ce poste donna le signal à toutes les troupes de se porter sur la légion.

Le Marquis de Saint-Simon donna ordre à M. le Baron de Hinx, officier d'une grande distinction, et d'une bravoure cheva-

leresque, de monter avec les volontaires
Basques sur le revers de la droite du défilé pour chasser et éloigner l'ennemi, et empêcher la réunion des postes qui étaient déjà dé-
passés. Ce mouvement bien conduit par le brave
chef qui le dirigeait, fut exécuté avec beaucoup
de vigueur et d'adresse ; la légion était dans un
défilé très-étroit, entourée de feu de tous côtés,
elle continua d'aller en avant du même pas sans
tirer ; elle enleva aussitôt le pont de Banca, et
ayant dépassé le village de ce nom, elle trouva
devant elle un poste, dans des rochers, lequel
avait été renforcé la veille par deux compagnies
de grenadiers ; ce fut alors que le feu de l'ennemi redoubla de tous les côtés, et que la
légion ne tirant pas, le Marquis de Saint-
Simon, qui était à la tête de ces grenadiers, se
mit à crier, en avant, à la baïonnette. Aussitôt
le poste fut enlevé, ainsi que tous les autres suc-
cessivement à la baïonnette ; mais ce qui fut
véritablement admirable, c'est l'aplomb que la
légion réunissait à une extrême valeur ; car dès
qu'elle avait forcé un poste, tout en courant à

l'attaque d'un autre, elle se formait ; après avoir enlevé de cette manière six postes, elle se porta vis-à-vis la montagne d'Adarsa, qui fut aussitôt garnie d'ennemis, ainsi que les étriers. Le Marquis de Saint-Simon en ordonna l'attaque, et malgré le nombre d'ennemis dont elle était couverte, et le fort d'Arola qui prenait la légion par le flanc gauche, la montagne fut enlevée : les ennemis se retirèrent dans le fort. Ces attaques furent le coup d'essay de la Légion Royale des Pyrenées.

Le Général Urrutia et plusieurs autres officiers espagnols qui s'étaient postés sur les hauteurs de Yspeguy pour juger de l'attaque que les troupes du Duc d'Ossuna faisaient en même-temps sur la vallée de Baygorry, et qui furent témoins oculaires de la manière brillante dont la légion avait marché au milieu d'une grêle de balles sans brûler une amorce, rendirent les témoignages les plus flatteurs sur le compte de la légion ; elle jeta l'alarme dans Baygorry. Le fort d'Arola, fortifié et palissadé, eut de même été attaqué et enlevé si le Marquis de Saint-Simon avait pu faire marcher à sa suite une seule pièce d'artillerie ; mais dans ce pays difficile, et où il n'y a que des chemins de chèvres, excepté la route qui conduit de Baygorry aux Alduydes, on avait été forcé de marcher avec la seule baïonnette et le fusil. Le chef de la légion se contenta de masquer le fort et de contenir les troupes qui, chassées de tous les avant postes, s'étaient refugiées à Arola pour les empêcher de se porter sur le flanc du Général Caro, qui, avec la division du Duc d'Ossuna, faisait, en personne, une incursion sur la vallée de Baygorry comme il est dit plus haut.

La légion resta vis-à-vis Arola jusqu'à quatre heures du soir, seule et isolée ; cette troupe qui était partie des Alduydes à onze heures du soir la veille, n'avait fait que marcher, combattre, gravir les montagnes sans avoir pris la moindre nourriture, ni le moindre repos jusqu'à deux heures après-midi ; c'est-à-dire, quinze heures de temps ; quand elle arriva devant le fort, il lui fut ordonné de se reposer. Elle était si exténuée de fatigue que quoique les hauteurs et les chemins sur sa retraite se garnissaient d'ennemis, le général lui ordonna de rester tranquille ; sans cette précaution, elle n'aurait pu conserver l'ensemble qui lui était nécessaire pour en imposer à l'ennemi nombreux qui se montrait sur les hauteurs, et s'augmentait continuellement pour s'opposer à sa retraite ; il envoya à l'avance deux détachemens des soldats les plus dispos aux ordres d'officiers très-expérimentés, pour se porter sur le chemin qu'il devait prendre. Elle fut vivement poursuivie dans sa retraite, qu'elle exécuta dans le plus grand ordre, et avec le plus grand calme : elle perdit dans cette affaire une vingtaine de volontaires, et il y en eut à-peu-près autant de blessés, dans le nombre desquels se trouvait l'officier qui commandait l'avant-garde dans l'attaque du pont de Banca, et des hauteurs qui sont en face, et où les Français avaient plusieurs postes retranchés et fortifiés par les pointes des rochers qui bordent toute la crête.

Le 2 Juin, les Français attaquèrent de vive force Verderis et Mispira. La légion se maintint jusqu'à la nuit à Chotro, et se porta sur Eguy, poste important qu'il fallait défendre, attendu l'utilité dont était sa fabrique pour l'approvisionnement de l'armée en boulets et autres munitions de guerre ; peu de jours après Son Excellence le Général Urrutia appela la légion dans la Vallée de Bastan ; à la fin du mois, elle fut désignée pour occuper le poste d'Arguinzun, point intermédiaire entre Bastan, centre de l'armée et Bourguette qui en était la droite. Ce poste était très-bon, le Marquis de Saint-Simon l'avait reconnu quelques jours auparavant, et avait demandé deux mille hommes pour l'occuper avantageusement : ce poste exigeait cette force et une grande surveillance, attendu qu'il n'était qu'à une demi-lieue de Verderis, où les ennemis étaient en force, et à trois-quarts de lieues de Mispira, où il avait un camp considérable. Il était instant de tenir en vue les ennemis dans cette partie, puisque dans moins d'une heure de marche, ils pouvaient prendre une position, et séparer la gauche et le centre de l'armée espagnole d'avec sa droite, s'emparer de la fabrique d'Eguy, et se porter sur la communication de Pampelune.

Le 10 Juillet, à la petite pointe du jour, le poste d'Arguinzun fut attaqué par les troupes réunies de Verderis et de Mispira, qui avaient été augmentées et renforcées à la nuit tombante du 9 par vingt compagnies de grenadiers que commandait M. de la Tour d'Auvergne ; ces troupes formaient un corps d'environ huit mille hommes, et celles que le Marquis de Saint-Simon avait à ses ordres à Arguinzun n'étaient guères que de six cents hommes : environ 150 du régiment de ligne de Zamora, commandés par Don Ignacio Martinez et Don Luis Diaz de Estenos : la Légion Royale avait 383 hommes sous les armes, et la compagnie Basque conduite par Aranza, qui lui était agrégée 80 : malgré telle disproportion de nombre, le combat se soutînt plusieurs heures, l'ennemi éprouva une perte considérable, plia un moment, et ne put troubler la retraite de la légion, lorsque sa résistance n'étant plus nécessaire sur ce point, elle en exécuta le mouvement.

Sur **23** officiers présens à l'action, 5 furent tués sur-le-champ de bataille. M. Philippe de Vallier, M. Bernard de Sacere, M. Louis de la Chevriere, M. Jean de Souhy et M. de Bedorede et huit volontaires nobles.

Les blessés furent M. le Marquis de Saint-Simon qui eut la poitrine traversée d'une balle, le Baron de Hinx, le Duc de Pienne, M. Pierre, Desponchès, Jean de Rouillan, Alexandre de Girangis, François de Corday, Etienne de la Chapelle.

Malgré une blessure reputée mortelle, le Marquis de Saint-Simon continua à commander sa troupe tant que le feu dura ; les flots de sang qu'il jettait par la bouche furent aperçus par le commandant des troupes ennemies qui cria à ses soldats : " Ne tirez plus, nous le tenons." A quoi le Marquis de Saint-Simon répondit : " Non, pas encore, viens me chercher si tu l'oses." Ce fut entendu par les grenadiers qui formaient la marche de la colonne immédiatement avant leur chef, et par un mouvement spontané et unanime, M. du Cros de Dax, volontaire noble et MM. Danture, Nouailles, Bach et Ruelle, grenadiers, s'arrêtèrent pour ensuite faire rang derrière lui.

Lorsque l'action fut entièrement terminée, et que les troupes furent hors de toute atteinte de l'ennemi, le Marquis de Saint-Simon remit le commandement de la légion à M. Josef de Montjoux, capitaine de grenadiers, et se dirigea lui de sa personne toujours à pied vers Venta de Belate, où il croyait trouver du secours pour sa blessure.

Pendant cette marche dans un moment où il prenait un peu de repos assis contre un rocher, un de ses plus intrépides grenadiers Ramon, le regarda avec un attendrissement qui n'échappa point au général, il le lui marqua par un sourire dont le cœur de ce brave homme fut tellement enflammé qu'alongeant le bras avec force, et présentant son poing fermé, il lui dit avec véhémence : " Morbleu, mon général, vous auriez un boulet à travers la poitrine que cela ne vous ferait rien."

Cependant le Marquis de St.-Simon était épuisé par l'extrême fatigue de la journée, et surtout par la grande quantité de sang qu'il perdait par sa blessure : on fit à la hâte un brancard avec quelques branches d'arbres, et les valeureux grenadiers de la légion, mirent leur gloire à être chargés de transporter leur général et chef, comme ils l'avaient mise à le suivre au combat. Les blessés se réunirent, et arrivèrent au milieu de la nuit à Pampelune : les chefs, officiers et soldats de la garnison les comblèrent de marques d'intérêt et de témoignages d'estime, auxquels le peuple joignit les acclamations de l'enthousiasme, particulièrement pour le Marquis de Saint-Simon qu'on croyait sans espérance de guérison.

Les détails de cette affaire sont consignés dans les rapports officiels par lesquels le général de division Urrutia, en rendit compte au Comte de Colomera, alors général-en-chef de l'armée, et celui-ci en donna connaissance à la Cour à la date du 25 Juillet 1794, en rendant une éclatante justice au talent, à la valeur et à l'intrépidité des chefs, officiers et soldats de la noble et vaillante Légion Royale des Pyrénées.

Après une perte aussi considérable, la légion fut postée dans la Vallée de Bastan, au village de Irurita, qui en est l'entrée du côté de Pampelune. A la fin d'Août, les ennemis pénétrèrent par Maya et Espilly dans la partie nord de la vallée, les troupes espagnoles l'évacuèrent, et la légion couvrit leur retraite et conserva le pont qui en ferme l'entrée du côté de l'Espagne, jusqu'à ce que toutes les troupes, l'artillerie et les bagages fussent entièrement retirés, et déjà hors de toute insulte. La retraite de la légion se fit ensuite sur Almandos, chemin de Pampelune, et dans le meilleur ordre sous le commandement du Marquis de Lons, chef expérimenté, rempli de valeur et de sagesse, et qui, en qualité de lieutenant-colonel de la légion, avait remplacé le Marquis de Saint-Simon, encore retenu par la blessure reçue à Arguinzun.

La légion fut ensuite cantonnée dans la vallée de Roncel, elle y resta une quinzaine de jours, et se réunit ensuite aux troupes que Son Excellencè le Comte de Colomera (qui avait remplacé le Général Caro dans le commandement de l'armée) avait mises en mouvement et venait de rassembler entre Yrun et Oyarsun : les troupes qui les défendaient souffrirent beaucoup, particulièrement les régimens des Gardes Walones, Ultonia, Reding Suisse, et les volontaires d'Aragon.

Aux événemens de la guerre, succéda un accident terrible : le magasin à poudre, auquel il avait été ordonné de mettre le feu, sauta avant que les troupes se fussent retirés, et au moment où elles passaient très à portée ; Ultonia, Reding, et les Gardes Wallones, ainsi que les volontaires d'Aragon perdirent environ cinquante hommes chacun. On doit juger la consternation que cet événement jeta parmi les soldats qui n'avaient pas craint la mort tant qu'ils combattaient les armes à la main ; mais qui se trouvaient les uns calsinés, les autres mutilés, et d'autres enfin souffrant les douleurs les plus aigües par l'effet de la brûlure. Les troupes qui déjà étaient en pleine retraite, passèrent Oyersun, et se dirigèrent sur Ernani.

La légion, conjointement avec un bataillon du régiment d'Asturies, commandé par son Major Don Josef Panes, furent chargés de contenir les ennemis et de les empêcher de dépasser Oyersun.

Les Français paraissaient vouloir profiter de leurs avantages et poussaient les troupes l'épée dans les reins. Asturies et la légion furent joints peu de temps après par le maréchal de camp Don Estevan Miró qui avait avec lui quelques escadrons des régimens de cavalerie de Farnesia et de Montésa, et un peloton à cheval de la troupe d'Obéda : les ennemis voyant la bonne contenance que faisait cette arrière-garde, n'osèrent pousser plus loin, s'arrêtèrent en arrière d'Oyersun, et se contentèrent de jeter en avant à la faveur des vergers et des taillis, quelques tirailleurs et des troupes légères pour harceler l'arrière-garde : ils laissèrent à d'autre temps l'attaque qu'ils avaient projet de faire pour débusquer les Espagnols de la superbe position d'Ernani que le général Caro avait fait reconnaître depuis long-temps, et d'isoler par là Fontarrabia et Saint-Sébastien ; de se porter ensuite sur Tolosa en partie à travers les montagnes, et en partie par le grand chemin qui conduit de Bayonne à Madrid : d'être par cette position absolument maîtres des trois provinces, et en les occupant de menacer la Castille, en se portant sur Burgos, ou tout au moins en y envoyant un très-fort détachement, ou une division.

L'armée Espagnole passa la nuit au bivouac dans le camp au dessus d'Ernani qui avait déjà été reconnu, comme il a été dit plus haut.

La légion royale après ces différentes actions, réduite à presque rien, fut envoyée sur les derrières, et en cantonnement à Miranda d'Arga ; elle y resta tout le mois de Septembre, et à la fin d'Octobre passa à l'armée d'Aragon sous les ordres du Prince de Castelfranco qui commandait l'armée chargée de garantir les frontières dans cette partie : elle resta à Sadaba, et aux environs à-peu-près six semaines, et vint prendre son quartier-d'hiver à Barbastro, où elle s'augmenta considérablement, et où elle resta jusqu'au printemps.

Vers le cinq Mars, elle reçut l'ordre de se rendre à Tortosa, et peu de jours après, de s'embarquer aux Alfagues, où elle trouva une frégate et deux autres bâtimens de guerre, qui la transportèrent à Cadix, et on lui assigna pour garnison le Port Ste. Marie. Déjà les bataillons de la Reine et de Wal-Spir formaient une partie de celle de Cadix, et ces trois corps étaient destinés à s'embarquer sous les ordres du Marquis de Saint-Simon sur la flotte qui devait se rendre à Saint-Domingue dont le Marquis del Socorro, lieutenant-général de marine, devait prendre le commandement, et où il devait commander-en-chef les forces de terre et de mer de Sa Majesté Catholique.

Tout se préparait et s'organisait, et on attendait à chaque instant l'ordre d'embarquement et de départ. La légion s'était fort augmentée, et les deux bataillons et deux compagnies de cavalerie dont elle était composée formaient un total de douze à quinze cents hommes ; le bataillon de la Reine offrait une superbe troupe ; celui de Wal-Spir, les restes d'un corps qui avait combattu avec beaucoup de valeur, et qui avait acquis une grande réputation à l'armée de Catalogne, où il s'était formé, et où il avait fait deux campagnes. Tout paraissait tendre à une campagne active et glorieuse : le Marquis de Saint-Simon, venait d'arriver au Port Sainte-Marie, et avait reçu les ordres ultérieurs et les instructions secrètes à cet égard....

Le lendemain de son arrivée, il reçut un

courier de la Cour, et l'ordre de se rendre en diligence à l'armée de Navarre; on lui annonçait qu'il venait d'en être nommé commandant en second sous les ordres du Prince de Castelfranco, qui de l'Aragon avait passé général-en-chef à l'armée de Navarre, ou pour mieux dire, commandait en chef les troupes de l'Aragon et de Navarre, qui ne formaient plus qu'une même armée, et qui, malgré la campagne fâcheuse de 94, formaient une armée superbe et bien supérieure en forces aux Français. Le Marquis de Saint-Simon, reçut en même-temps, l'ordre d'amener avec lui quatre officiers de son choix, et qu'il croirait pouvoir lui être utiles, ainsi que de nommer et prendre avec lui deux aides-de-camp....

Le Baron de Hinx, commandant de bataillon de la légion royale, et qui en avait été major à la formation, le capitaine des grenadiers M. Josef de Montjoux, et ceux de fusiliers, Duc de Pienne et Chevalier de Saint-Simon, furent désignés par Son Excellence pour l'accompagner, et

MM. Josef de Malartie et Claude de Juglard nommés aides-de-camp.

Tous ces officiers partirent en poste du Port Sainte-Marie, et dans moins de douze heures étaient en marche, pour se rendre, suivant l'ordre du ministre, à Saint-Idelfonse, où était alors la Cour : le Marquis de St.-Simon, ne s'y arrêta que le temps nécessaire pour recevoir les instructions des ministres, et repartit pour Pampelune dans les 24 heures, amenant avec lui les officiers dont il est parlé plus haut.

Le 8 Juillet, ils arrivèrent au quartier-général du Prince de Castelfranco : dans cette même matinée, et à la pointe du jour, tout avait retenti de ces mots *la paix, la paix :* les Français l'annoncèrent aux postes avancés des Espagnols, et dans la journée, un officier général français, passa au camp espagnol, et porta au Prince de Castelfranco, de la part de son général-en-chef, des dépêches qui la lui annonçaient positivement.... Dès ce moment même toutes les hostilités cessèrent entre les deux armées, en attendant les ordres ultérieurs de la Cour : on dépêcha des couriers pour Saint-Idelfonse, et tout resta *in statu quo*.

L'armée ayant reçu l'ordre de se dissoudre, le Marquis de Saint-Simon se rendit à Madrid : le 26 du mois de Mars, il reçut l'ordre du Roi de former des trois corps des émigrés français qui avaient existé et s'étaient soutenus en activité, la légion royale, les bataillons de la Reine et celui de Wal-Spir, un régiment d'infanterie de ligne, en tout semblable pour la constitution à ceux de l'armée espagnole, c'est celui qui porte aujourd'hui le nom de *Bourbon*. Le Marquis de Saint-Simon quoique lieutenant-général des armées de S. M. Catholique, en fut nommé Colonel.

FIN.

IMPRIMÉ PAR SCHULZE ET DEAN, 13, POLAND STREET.

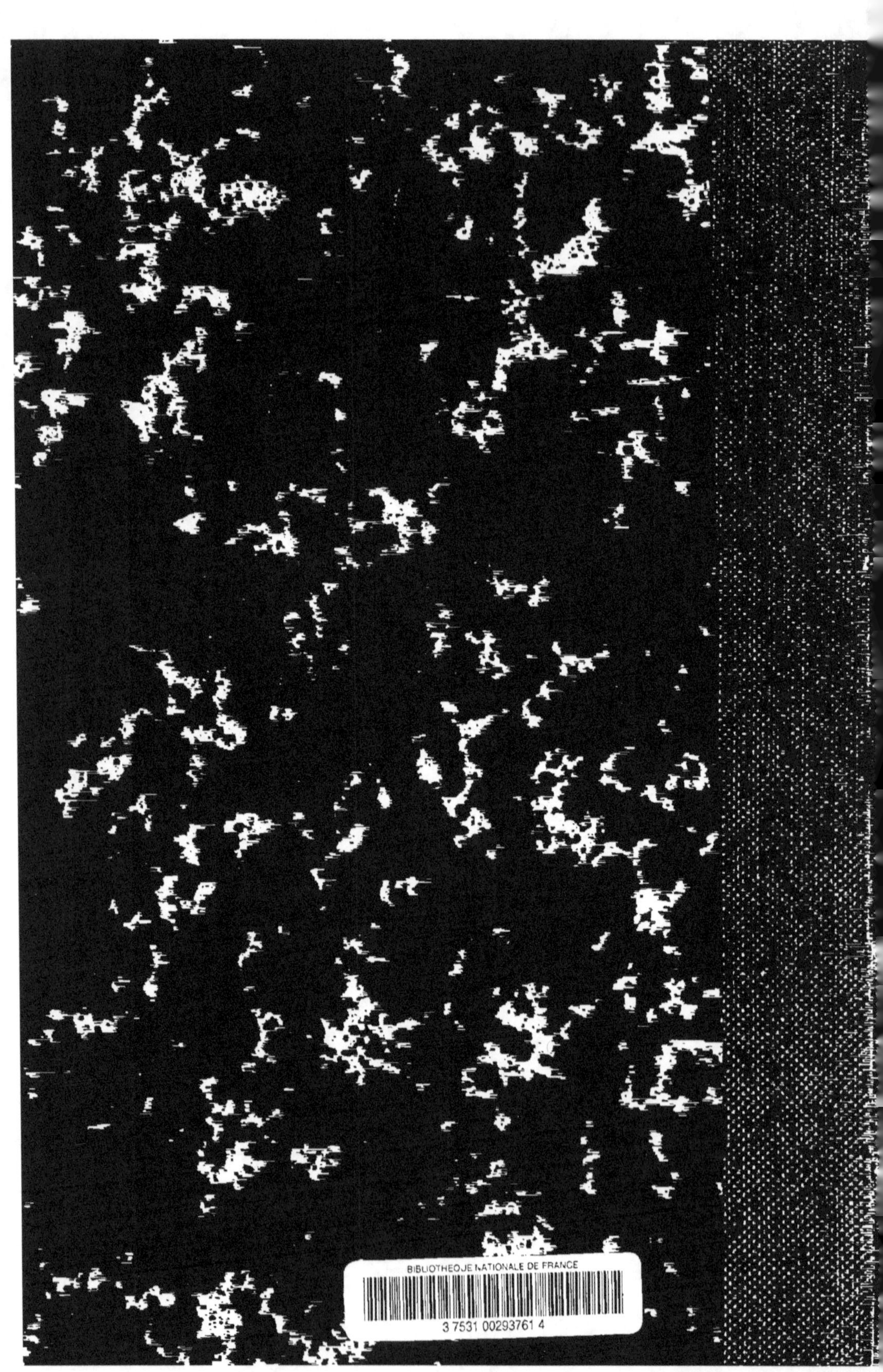

BIBLIOTHEQUE NATIONALE DE FRANCE
3 7531 00293761 4